Antevésperas de Natal

Antevésperas de Natal

Cecília Rocha e Clara Araújo

FEB
editora

Copyright © 2005 by
FEDERAÇÃO ESPÍRITA BRASILEIRA – FEB

2ª edição – 1ª impressão – 2 mil exemplares – 11/2012

ISBN 978-85-7328-741-7

Todos os direitos reservados. Nenhuma parte desta publicação pode ser reproduzida, armazenada ou transmitida, total ou parcialmente, por quaisquer métodos ou processos, sem autorização do detentor do copyright.

FEDERAÇÃO ESPÍRITA BRASILEIRA – FEB
Av. L 2 Norte – Q. 603 – Conjunto F (SGAN)
70830-030 – Brasília (DF) – Brasil
www.feblivraria.com.br
editorial@febnet.org.br
+55 61 2101 6198

Pedidos de livros à FEB – Departamento Editorial
Tel.: (21) 2187 8282 / Fax: (21) 2187 8298

Texto revisado conforme o Novo Acordo Ortográfico

Catalogação na fonte
Biblioteca de Obras Raras da FEB

R672a Rocha, Cecília, 1919-2012

Antevésperas de Natal / elaborado por Cecília Rocha e Clara Araújo; [Ilustrações Impact Storm]. 2. ed. – 1. impressão – Brasília: FEB, 2012.

32p.: il.; 25cm – (Série: Lições de vida)

ISBN 978-85-7328-741-7

1. Natal – Literatura infantojuvenil. 2. Literatura infantojuvenil. I. Araújo, Clara, 1946-. II. Impact Storm. III. Federação Espírita Brasileira. IV. Título. V. Série

CDD 869.3
CDU 869.3
CDE 81.00.00

APRESENTAÇÃO

Com o objetivo de divertir e possibilitar a aquisição de conhecimentos e valores éticos, estamos oferecendo ao público infantil esta coleção de livros de histórias. Esta série, que se destina a crianças de cinco e seis anos de idade, foi escrita em linguagem acessível a este público, com textos curtos, enriquecidos de ilustrações que permitem à criança a visualização e a concretização dos conteúdos apresentados. Acreditamos que o manuseio destas obras poderá despertar nas crianças hábitos de boa leitura e entendemos que os exemplos de comportamentos morais aqui sugeridos poderão servir de modelo a ser imitado. Consideramos, ainda, que esta coleção de livros auxiliará os pais na seleção de obras infantis que, certamente, irão colaborar com a educação de seus filhos.

As Autoras

A família de Aline está reunida para resolver um grande problema! Quem dá e quem recebe presentes de Natal? Todos devem receber alguma coisa, ninguém pode ficar sem uma lembrança nessa noite!
Palpite vem, palpite vai... e nenhuma conclusão.

7

Nesse momento, Duda tem uma ideia, que ele mesmo classificou de genial: — Amanhã nos reuniremos à noite e apresentarei uma proposta que considero definitiva. Aguardem.
Todos se perguntaram: — Que proposta será essa? Qual será a surpresa de Duda?!

9

E, assim, no dia seguinte e pontualmente, todos se encontraram no mesmo lugar da véspera. Duda, muito importante, foi logo falando, dirigindo uma pergunta a todos: — Quem de nós estará de aniversário dia 25? Ninguém respondeu, pois não havia ninguém aniversariando neste dia.
— Então, por que vamos dar presentes uns aos outros, se não estamos de aniversário?!

11

— Ah! Já sei – falou Aline. – Acho que é Jesus que está de aniversário, pois ouvi dizer que Ele nasceu no dia de Natal.
— Não é bem assim – respondeu-lhe Duda, muito alegre.
— O Natal é uma homenagem a Jesus. Ele é o grande homenageado neste dia! Quem deve ganhar presentes é Ele.

Todos, ao mesmo tempo, perguntaram: — O que vamos dar a Jesus?

Duda, compenetrado, respondeu: — Aí está minha proposta inovadora. Vamos estudar os principais ensinamentos de Jesus e verificar que presentes podem agradá-lo.

14

A mãe de Aline prontificou-se a repassar alguns dos ensinamentos de Jesus e os meninos imediatamente começaram a preparar os presentes.
Como seriam esses presentes?

Na árvore, muito linda, iluminada por luzes coloridas, os meninos começaram a colocar os seus presentes embrulhados em papel e laços de cores variadas.

17

18

O de Duda, o primeiro a ser colocado na bela árvore, era um cartão no qual estava escrito: "Querido Jesus, achei lindas as suas lições! Nunca mais terei raiva de ninguém, pois vou perdoar a todos por toda a minha vida."

Aline, muito emocionada, colocou o seu pacotinho enfeitado com larga fita azul, no qual um cartãozinho, em forma de coração, continha a seguinte mensagem: "Jesus, você é filho de Deus, como eu, por isso somos irmãos. Mas você sabe muito mais do que eu e é também mais bondoso. Então, você é o Irmão Maior e Mestre de todos nós. Parabéns, Jesus."

21

22

Joca não ficou atrás e apressou-se a colocar o seu pacotinho na árvore, cada vez mais iluminada, à medida que a noite avançava. Também o seu presente era uma carta. Longa carta na qual, entre tantas coisas, ele dizia: "Que ensinamentos lindos saem de sua boca, Jesus! Amar o próximo como a nós mesmos. Que bonito! E aquela história do Bom Samaritano, que tanta gente conhece! Não há nada tão lindo. Muito obrigado, Jesus, e feliz aniversário."

Foi a vez de Dinah colocar o seu presente. Era uma cartinha em papel rosa. "Jesus", dizia Dinah na cartinha, "como não posso visitá-lo pessoalmente, fui, em seu nome, visitar um senhor idoso e doente. Fiquei muito feliz e, por isso, estou lhe contando este fato."

25

26

Seguiram-se os presentes para Jesus. Todos os participantes da grande festa colocaram as suas lembranças em caixas coloridas, ao mesmo tempo em que ouviam suave melodia, que não se sabia de onde vinha, mas que enchia os seus corações de muita, muita alegria!

Festejando o Natal

Letra e Música: Vilma de Macedo Souza - Rio de Janeiro - RJ

Quan-do o Natal vem che-gan-do o mun-do fi-ca con-ten-te são tan-tas as coi-sas bo-as que nas-cem den-tro da gen-te fes-te-jar o Na-tal do bom me-ni-no Je-sus é sen-tir a fe-li-ci-da-de que fa-zer o bem tra-duz a ju-dar o ne-ces-si-ta-do é Na-tal dar sa-ber a-mor e pão é Na-tal ser fe-liz com o bem pra-ti-ca dôe na-que-le que so-freu ver sem-pre um ir-mão é Na-tal é Na-tal é Na-tal fes-te-jar o Na-tal do bom me-ni-no Je-sus é sen-tir a fe-li-ci-da-de que fa-zer o bem tra-duz não per-der a o-por-tu-ni-da-de é Na-tal de ser-vir de a-pren-der de a-mar é Na-tal de fa-zer nos-sa fe-li-ci-

```
          D         E5°        E7
-DA - DE DA FE - LI - CI - DA - DE QUE PO - DE - MOS
          A                                    CODA  A7   D
DAR É NA - TAL É NA - TAL É NA - TAL   É  NA - TAL
```

      D   G   D
Quando o Natal vem chegando o mundo fica contente,

                              G   G#°   A
São tantas as coisas boas que nascem dentro da gente.

 G   G#°   D D7   G   G#7°   D
Festejar o Natal   do bom Menino Jesus,

             Bm   G#7+   A
É sentir a felicidade que fazer o bem traduz.

       A7   D
Ajudar o necessitado. É Natal!

      A7   D
Dar saber, amor e pão. É Natal!

     A7   D
Ser feliz com o bem praticado

      E5°   E7   A
E naquele que sofre ver sempre um irmão.

É Natal! É Natal! É Natal!

 G   G#°   D D7   G   G#7°   D
Festejar o Natal   do bom Menino Jesus,

             Bm   G#7+   A
É sentir a felicidade que fazer o bem traduz.

        A7   D
Não perder a oportunidade. É Natal!

       A7   D
De servir, de aprender, de amar. É Natal!

        A7   D   E5° E7   A
De fazer nossa felicidade da felicidade que podemos dar.

É Natal! É Natal! É Natal!

   A7 D
É NATAL!

Pinte o desenho abaixo, a xuxinha a noite de Natal mais bonita.

1 - Quem é o verdadeiro aniversariante na noite de Natal?
_____

2 - Na história, vimos todos reunidos ao redor de uma linda árvore de Natal. Cite outras coisas que também são típicas do Natal.
_____
_____

3 - Na história, aprendemos que Deus nos criou, fazendo todos os homens irmãos. Mas Deus não fez só os homens, cite outras coisas que também foram feitas por Deus.
_____
_____

4 - Quais presentes você ofereceria para o menino Jesus?
_____
_____

5 - Se você fosse escrever um bilhetinho para Jesus, o que falaria?
_____
_____
_____
_____

Conselho Editorial:
Nestor João Masotti - Presidente

Coordenação Editorial:
Geraldo Campetti Sobrinho

Produção Editorial:
Fernando Cesar Quaglia

Coordenação de Revisão:
Davi Miranda

Revisão:
Rosiane Dias Rodrigues

Capa:
João Guilherme Andery Tayer

Projeto Gráfico e Diagramação:
João Guilherme Andery Tayer

Ilustrações:
Impact Storm

Normalização Técnica:
Equipe da Biblioteca de Obras Raras da FEB

Esta edição foi impressa pela Gráfica Edelbra Ltda., Erechim, RS, com tiragem de 2 mil exemplares, todos em formato fechado de 200x250 mm. Os papéis utilizados foram o Couché Brilho 115 g/m2 para o miolo e o cartão Supremo 250 g/m2 para a capa. O texto principal foi composto em fonte Amaranth 17/23.